CÓMO PREDICAR
MENSAJES
NARRATIVOS

Aprende a predicar de las
HISTORIAS BÍBLICAS

Cómo investigar el texto bíblico,
preparar tu bosquejo y exponer tu
mensaje en público PASO A PASO

LARIZA P. MIRABAL

ISBN: 9798333886958

DEDICATORIA

A todos los que han dispuesto sus corazones para
entender, practicar y exponer
el mensaje de la Palabra de Dios.

CONTENIDO

UNAS PALABRAS ANTES DE COMENZAR

Este pequeño manual para aprender a predicar mensajes narrativos es parte de un libro más extenso titulado *"Homilética. Sermón Narrativo: Un manual para la estructuración y predicación del sermón narrativo."* Aquel libro incluye, además, una sección de la narrativa como género literario y otra del comportamiento de la predicación en la historia de la iglesia.

Sin embargo, este fragmento del libro se ha publicado de forma independiente para aquellas personas que desean un material menos rebuscado y que vaya directo al grano. También ha sido editado para darle un toque más personalizado y hacer su lectura más fluida. Por tanto, no encontrarás aquí muchos conceptos complicados de Homilética, sino las lecciones básicas para aprender a preparar el bosquejo de la predicación narrativa y para exponer tu mensaje en público.

Después de leer este libro sabrás cómo reunir la información necesaria para tu sermón, como organizarla y cómo comunicarla a tus oyentes. Las lecciones incluyen consejos de hábitos saludables que debes desarrollar como predicador, incluso de expresión oral y gesticulación al exponer el mensaje.

Este manual constituye también una excelente herramienta para seminarios bíblicos que deseen incluirlo en sus clases de Homilética y para ministros que deseen formar predicadores locales en su iglesia.

Ahora, bien, aunque estas lecciones y consejos pueden aplicarse a toda clase de sermones, el enfoque de este libro es el sermón narrativo. Todos los tipos de sermones cuentan con ventajas indiscutibles. No es propósito de este libro restarles importancia, sino proponer y adiestrar a los predicadores en el uso de un sermón que es adecuado para todo tipo de oyentes. Este sermón es el sermón narrativo. Quizás te preguntes por qué. Permíteme ofrecerte cinco razones por las cuales el sermón narrativo es el gran aliado del predicador cristiano:

1. Porque no exige gran esfuerzo mental para ser seguido y comprendido.

2. Porque es ideal para todas las edades, niveles culturales y capas sociales.

3. Porque su exposición adecuada capta la atención de los oyentes. La narración constituye el método con el que están siendo bombardeados a través de los medios de difusión masiva como la televisión y las redes sociales.

4. Porque les permite ver a hombres y mujeres débiles como ellos ser capaces de obedecer a Dios y obtener victorias de fe.

5. Porque muestra la manera en que Dios rige cada acontecimiento de la historia, lo cual les brinda seguridad en medio de sus desafíos y circunstancias difíciles.

6. Porque las enseñanzas transmitidas a través de él pueden ser recordadas con mayor facilidad.

Por todas estas razones, el sermón narrativo es considerado por muchos el sermón del siglo XXI. Esto hace necesario que como predicadores nos adiestremos en la forma correcta de prepararlo y exponerlo a la congregación. Y lo más importante de todo: si Jesús, nuestro Maestro, predicaba de forma narrativa, ¿por qué no lo haríamos nosotros?

CAPÍTULO 1

EL SERMÓN NARRATIVO

La Homilética es el arte de la correcta confección y proclamación de sermones (mensajes, predicaciones) los cuales se dividen, para su estudio, de acuerdo a su estructura.

Aunque existen clasificaciones más exhaustivas, los sermones se dividen en tres grupos principales:

Sermones textuales: Estos se basan en un versículo de la Biblia. Sus divisiones son extraídas de las palabras o frases del texto del versículo.

Sermones temáticos: Estos se originan en el tema que has seleccionado. Por ejemplo: el amor al prójimo, la obediencia, la ira, etc. Las divisiones del sermón son constituidas con elementos o puntos relacionados a este tema, apoyados generalmente con textos bíblicos.

Sermones expositivos: Estos se ocupan de la exposición de un pasaje de las Escrituras relativamente extenso.

El sermón expositivo se divide, a su vez, en otras clasificaciones, entre las cuales se encuentra el sermón narrativo, objeto de estudio específico de este libro.

Definiendo el sermón narrativo

Comencemos analizando primero lo que NO es:

1. No es meramente leer una historia bíblica, pues aunque leas una parte de ella, se espera que seas capaz de enriquecer el mensaje narrando partes del suceso bíblico.

2. No es meramente narrar una historia bíblica, pues el sermón no consiste sólo en esto, sino que es enriquecido con los análisis y aplicaciones del predicador.

3. No es contar muchas historias en el transcurso del sermón, pues aunque puede intercalarse alguna pequeña historia o ilustración, el centro del

sermón es la historia bíblica que se está tratando, y ella, en sí misma, es ilustración.

Podemos decir de forma simple que el sermón narrativo es, básicamente, aquel sermón que se basa en un relato bíblico, cuya intención es:

1. Narrar el suceso bíblico, intentando recrear las condiciones originales en que se desenvolvieron las escenas y los personajes.

2. Descubrir los principios que se manifiestan en las acciones y pensamientos de los personajes.

3. Aplicar dichos principios a las situaciones cotidianas que se presentan en la vida actual de los creyentes.

Algunas personas han planteado algunas objeciones al uso del sermón narrativo. Tres de las más comunes serán mencionadas a continuación, así como el argumento que la refuta.

Objeción 1: *El sermón narrativo no constituye una forma seria de enseñar la verdad.*

Refutación: Si la narrativa no fuera una forma seria de transmitir la verdad, Dios no hubiera permitido que su Palabra estuviera minada de ella. La Biblia, en sí misma, es un compendio mayormente de narrativa. La comprensión clara que tenemos de su voluntad se debe a los relatos bíblicos en que vemos a los hombres agradándole o desagradándole a través de sus conductas. Ellos son la ejemplificación de la obediencia o desobediencia a sus leyes, y de la retribución recibida. Los profetas hicieron uso de la narrativa para transmitir el mensaje divino. Jesús hizo uso amplio de ella para mostrar el camino a los hombres. Los apóstoles también predicaron sermones narrativos al pueblo (esto se verá más adelante).

Objeción 2: *El sermón narrativo es sólo para niños.*

Refutación: El hecho de que este sermón tenga resultados excelentes con los niños, no quiere decir que se limite a ellos. Todos, independientemente de la edad que tengan, saben notar la diferencia entre una clase que el profesor enriquece con historias y testimonios, y aquella en que sólo se exponen conceptos; entre una conversación con alguien que cuenta historias y otro cuyo diálogo radica en ideas abstractas acerca de cualquier tema. La narrativa marca la diferencia en la comunicación. Además, los temas de los relatos bíblicos son de relevancia para todas las edades. Adultez no es sinónima de métodos desagradables. Todos necesitan y tienen derecho a la exposición de la Palabra de Dios de una manera amena y efectiva.

Objeción 3: *No todos los predicadores saben narrar las historias.*

Refutación: No todos saben hacerlo "con la misma calidad", es cierto. Pero todos tienen la posibilidad de capacitarse. Todas las personas narran de forma espontánea y amena incidentes de su propia vida, y mientras lo hacen se esfuerzan por transmitir a los que los escuchan la intensidad de las emociones y pensamientos que sufrieron en ese momento. Parte del éxito de los predicadores de sermones narrativos consistirá en que aprendan a relatar los sucesos bíblicos con la misma intensidad con que relatan sus propias experiencias, que muestren las escenas al auditorio como si ellos mismos hubieran estado allí. El perfeccionamiento de la exposición vendrá luego, con la práctica continua.

Como ya se ha visto, entre los géneros literarios de la Biblia, la narrativa ocupa un lugar predominante. Los personajes bíblicos también hicieron uso de ella en su comunicación con los demás, y en la transmisión del mensaje divino. Algunos ejemplos son:

En el Antiguo Testamento

✓ Jotám (Jue. 9: 7-20), dio una especie de mensaje profético a través de la historia de los árboles.

✓ Natán (2 S. 12: 1-4), cuando reprendió al rey David a través de una parábola.

✓ Isaías (Is. 5), cuando habló de parte de Dios a través de la "parábola de la viña".

✓ Ezequiel (Ez. 17: 1-8) cuando por instrucción de Dios mismo reprende al pueblo a través de la "parábola de las águilas y la vid".

En el Nuevo Testamento

✓ Jesús, a través de sus parábolas (Mt 13: 1-9; 24-30; 18: 10-14; 20: 1-16)

✓ La naciente iglesia predicaba la historia de Israel y aplicaba sus principios.

• Esteban (Hch. 7: 2-53)

• Pablo (Hch. 13: 16-41)

✓ La predicación apostólica giraba alrededor del relato de la vida, muerte y resurrección de Jesús.

• Pedro (Hch. 2: 22-36)

Ventajas del sermón narrativo

Ahora bien, ¿por qué predicar sermones narrativos? Jesús mismo decidió hacer uso de la narrativa para comunicar el mensaje del Reino a los seres humanos. ¿Cuáles son las ventajas de este método?

1. Permite al predicador ejercitarse en el estudio bíblico serio. La predicación narrativa requiere que investigues los elementos que rodean los sucesos bíblicos: trasfondo histórico, estructura literaria y principales ideas teológicas.

2. Permite a los creyentes ver el cumplimiento de la voluntad divina encarnado en hombres y mujeres como ellos. Existe una notable diferencia entre leer un verso donde Pablo dice: "y ya no vivo yo, mas vive Cristo en mí", y verlo siendo azotado y apedreado; entre escuchar a Jesús enseñar: "el buen pastor su vida da por las ovejas", y ver su cuerpo desgarrado en la cruz para salvar a los pecadores.

3. Provee patrones firmes para la vida de los creyentes. Los personajes con actitudes positivas se convierten en paradigmas dignos de ser imitados. La fe de Abraham puede ser el sostén de aquellos que esperan el cumplimiento de las promesas de Dios; la consagración de Daniel puede practicarse en medio de esta generación perversa. Las actitudes negativas también se convierten en paradigmas, pero de lo que no se debe hacer.

4. Si la historia es narrada de una forma viva y creativa, el oyente obtendrá impresiones más profundas de los personajes y acontecimientos bíblicos. Quizás muchos no se han detenido a pensar en la dimensión de ciertas experiencias registradas en Las Escrituras: la decepción de José al ser vendido como esclavo por sus propios hermanos, la tensión que sufrió Moisés cuando se encontró, junto al pueblo, entre el ejército egipcio y el Mar Rojo o la agonía de Jesús en el Getsemaní, sabiendo lo que le esperaba.

Samuel Vila relata una anécdota al respecto: *"El autor tuvo el privilegio de oír al Dr. Billy Graham predicar en Winona Lake ante unas 20.000 personas, la mayoría de las cuales eran cristianas, sobre la conocidísima historia de Daniel en el foso de los leones. El gran orador pintó con tan vivos colores el desespero del rey, accionando con las dos manos, cogiéndose con ellas la cabeza, en contraste con la tranquilidad de Daniel que suponía escogiendo al león más gordo y haciéndolo acostar para reclinar su cabeza sobre el mismo como almohada, que todos nos deleitamos escuchando una historia conocidísima como si fuera nueva. Lo más admirable del caso es que supo componer el sermón de tal forma que, sin forzar las aplicaciones de la historia, contenía un claro mensaje evangelístico, y cuando hizo un llamamiento final, unas 300 personas acudieron a la plataforma, muchas de ellas llorando, para testificar su aceptación de Cristo como Salvador personal."*[1]

5. Sus aplicaciones están íntimamente relacionadas a determinadas acciones, palabras o frases claves de la historia, por tanto, son fáciles de recordar. Cada vez que el creyente lea la historia, recordará las enseñanzas recibidas en cada parte de ella.

---

[1] Vila, Samuel. "Manual de Homilética". Editorial CLIE. Barcelona. 1990.

CAPÍTULO 2

¿QUÉ DEBO SABER DEL TEXTO BÍBLICO?
Exégesis

Ya hemos dicho que el sermón narrativo se fundamenta en una historia bíblica. Por tanto debes seleccionar el pasaje sobre el cual vas a predicar y procurar un entendimiento claro del mismo, antes de darlo a conocer a tu auditorio. Debes encontrar, además, la manera de transmitir a los oyentes, a través de la historia seleccionada, un mensaje definido y claro. Para ello, necesitas comprender cómo se relacionan el tema y el pasaje bíblico, y cómo deben ser tratados, de acuerdo a esta relación.

Por esta causa es indispensable que conozcas cómo realizar un análisis adecuado del texto. De no hacerlo, podrías encontrarte exponiendo sólo tus impresiones personales acerca del suceso bíblico y no los principios que realmente transmiten los acontecimientos registrados en la Biblia

Lo primero que necesitas saber es sobre qué vas a predicar. Debes definir, antes de disponerte a confeccionar el sermón, el tema de tu mensaje. En unos casos el tema surge primero, y luego se encuentra el texto con el cual puede ser desarrollado. En otros, primero es encontrado el texto, el cual sugiere el tema adecuado. De una u otra forma, el tema, en íntima relación con el pasaje bíblico, debe encontrarse plasmado en tu mente con claridad.

Esto debe aplicarse al sermón narrativo de la siguiente manera:

¿Qué hacer cuando primero se tiene el tema?

Si tienes definido el tema, debes proceder a encontrar una historia bíblica que desarrolle el mismo. Esta historia tiene como objetivo ilustrar el cumplimiento de los principios que vas a exponer a través de acciones humanas concretas (las de los personajes). Supongamos que deseas predicar sobre la actitud que deben mantener los creyentes en medio de las pruebas. Puedes buscar un pasaje en que un personaje haya sido puesto en situaciones difíciles y haya mantenido una actitud correcta. Una historia que cuenta con estas características, por ejemplo, se encuentra en 1 Samuel 30. En ella se nos muestra a David junto con sus hombres atravesando una situación crítica. Sus familias habían sido raptadas por los amalecitas. La ciudad había sido incendiada y no tenían idea alguna del paradero de sus esposas e hijos. Este capítulo expone muy bien el proceso de la prueba de David; cómo las circunstancias se complicaron y cuál fue su respuesta ante ellas. Como recompensa por su actitud, Dios le mostró la salida.

Cuando cuentas con el tema adecuado y vas en busca del pasaje, debes ser selectivo en aquellos detalles de la historia en los cuales harás énfasis. Una historia puede manejarse de diferentes maneras, en dependencia del enfoque del predicador. Esto no quiere decir que un texto puede tener significados diferentes, pues el texto significa simplemente lo que el autor quiso decir. Pero de todos los principios que enseña una historia, tendrás que seleccionar aquellos que se relacionan a tu tema.   El relato que aparece en Éxodo 32, por ejemplo, sobre la fundición del becerro de oro, puede ser manejado de diferentes maneras, de acuerdo al tema que desee tratarse.

La historia no tendrá el mismo tratamiento si se habla de actitudes que conducen a la idolatría, que si se habla de errores que deben evitarse en el liderazgo (refiriéndose a la conducta de Aarón), que si se desea establecer una comparación entre la actitud de dos líderes: Moisés y Aarón; que si se habla de la actitud intercesora que debe mantener el ministro por el pueblo, (refiriéndose a Moisés, cuando suplicó a Dios que perdonara el pecado de Israel). De estas diferencias, en el manejo del relato, se pondrán ejemplos más adelante.

¿Qué hacer cuando primero se tiene el texto?

En este sentido debe tenerse mucho cuidado. En ocasiones el predicador encuentra una historia que lo cautiva, y decide predicarla sólo por su belleza o las posibilidades que tiene de ser aplicada de manera sencilla. En otras ocasiones, ni en la aplicación piensa, pues la narración excelente del relato bíblico se convierte en su principal propósito. Sin embargo, una historia debiera ser expuesta sólo cuando sabes que a través de ella puedes ilustrar algo que con urgencia debes decir a la congregación. Esto no significa que las historias bíblicas están sólo al servicio de unos pocos temas que son de preferencia para el predicador, y que fuera de esto las que no se ajusten deban ser desechadas. Cada una de ellas, en sí misma, enseña cómo debe cumplirse la voluntad de Dios. En cada historia registrada en las Escrituras puedes preguntarte: ¿Qué quiso enseñar Dios a su pueblo a través de su intervención en este acontecimiento? ¿Qué principios se manifiestan en este suceso que deben ser aplicados por la iglesia en su vida cotidiana?

Cuando el texto se tiene primero, debe definirse con claridad el tema. Una vez que lo hayas escogido estarás listo para trabajar correctamente con el texto seleccionado, lo cual harás de la siguiente manera:

Análisis histórico, literario y teológico del texto

Una de las ventajas del sermón narrativo, como se ha dicho anteriormente, es que te permite adiestrate en el estudio bíblico serio. La predicación narrativa precisa de un trabajo previo de investigación. Es necesario que pases tiempo en contacto con el pasaje bíblico antes de elaborar el sermón. El propósito de esta investigación es lograr interpretar el texto bíblico correctamente, captar la esencia original del mensaje, saber qué quiso decir el autor y qué interpretaron los receptores originales.

Al proceso utilizado para obtener una correcta interpretación del texto bíblico, se le llama "exégesis". La exégesis está íntimamente relacionada con la predicación. La palabra de Dios debe ser estudiada antes de ser expuesta. Una exposición efectiva tiene como precedente un estudio aplicado de ella.

El predicador siempre debe conocer más sobre un pasaje bíblico que lo que dice en el púlpito. Todos los datos obtenidos en la investigación son importantes y enriquecen su percepción, pero no todos deben exponerse durante la predicación. De lo contrario, se corre el riesgo de abrumar a los oyentes con información innecesaria.

El primer paso para realizar una correcta exégesis bíblica es leer el pasaje con detenimiento. Varias veces, de ser posible. Luego, el texto debe ser interrogado. Normalmente, una exégesis profunda demanda el análisis de una serie de áreas que arrojan luz sobre el texto. Cada una de estas áreas se encuentra acompañada de preguntas específicas que deben ser hechas al pasaje. En esta lección se analizarán tres áreas fundamentales: la historia, el contexto literario y la teología del pasaje.

Para el análisis histórico haremos las siguientes preguntas:

1. ¿A cuál período de la historia de Israel o de la iglesia pertenece? Por ejemplo: el período de los patriarcas, de los jueces, de la monarquía, del reino dividido, del cautiverio, de la restauración, de la iglesia naciente, etc.

2. ¿Quién fue su autor?

3. ¿Quiénes fueron los receptores originales de este mensaje?

4. ¿Cuál era la situación política, social y religiosa del momento?

5. ¿Cuál fue la situación histórica particular de este episodio? Por ejemplo: bajo el gobierno de tal juez o rey, siendo profeta tal persona, después que Dios había enviado este juicio, en medio de esta crisis, etc.

Para el análisis literario haremos las siguientes preguntas:

1. ¿A qué sección de la Biblia pertenece? (Antiguo o Nuevo Testamento, Pentateuco, Libros proféticos, poéticos, Evangelios, etc.)

2. ¿Dónde comienza y termina la narración?

3. ¿Cómo se relaciona este pasaje con el texto que le antecede y el que le procede? ¿Qué ocurre antes o después de este suceso?

4. ¿Existen en el pasaje palabras o frases que se repiten?

5. ¿Hace el pasaje referencia a palabras, objetos, o prácticas desconocidas para la mayoría de las personas? (En ese caso, es necesario consultar diccionarios adecuados que clarifiquen la comprensión de estos elementos.)

Para el análisis teológico haremos las siguientes preguntas:

1. ¿Cuál es el tema central y cuáles son los temas secundarios que se tratan en esta historia?

2. ¿Qué revela sobre la naturaleza de Dios? (La manera en que Él trata ciertos asuntos, su manera de revelarse al hombre en una u otra situación, su reacción ante determinada conducta, etc.)

3. ¿Qué revela sobre la naturaleza del ser humano? (sus tendencias, sus temores, la posibilidad de ser fiel, los riesgos que corre en determinadas situaciones, etc.)

4. ¿Se hace referencia a esta historia en otro lugar de la Biblia? De ser así, ¿qué apreciación tienen otros autores bíblicos de este suceso? (Es muy común encontrar interpretaciones de acontecimientos del Antiguo Testamento por parte de los autores del Nuevo Testamento)

La información reunida a través de estas preguntas te será mucha utilidad, pero recuerda que no toda será expuesta en tu sermón. Como predicador deberás seleccionar los datos que ayudarán a que la congregación tenga una impresión más clara de los hechos relatados y de su significado. Y aún, de estos datos, tendrás que seleccionar cuáles te ayudarán a desarrollar tu tema específico.

CAPÍTULO 3

¿CÓMO COMIENZO EL SERMÓN?
La introducción

Existe un viejo refrán que dice: "La primera impresión es la que importa". Aunque esta frase no sea del todo cierta, debiera hacernos reflexionar en cuán determinantes pueden llegar a ser las primeras impresiones para la mayoría de las personas. Las introducciones de todas las clases de relaciones que se establecen entre los seres humanos dirigen y regulan en buena medida el desarrollo de las mismas. La relación que se establece entre el ministro cristiano y la congregación, a través de la predicación, no es una excepción.

La introducción de un sermón se encuentra revestida de igual importancia. Ella constituye la primera impresión que los oyentes reciben del mensaje. Generalmente la introducción les anuncia lo que recibirán a lo largo del sermón. Si ella es monótona, es de suponer que el resto del mensaje también lo será. Si, por el contrario, el predicador logra captar la atención y el interés de sus oyentes desde el comienzo, ellos desearán escucharle hasta el final con entusiasmo. Por tanto es de suma importancia que como expositor bíblico encuentres las maneras más efectivas de comenzar tu sermón.

Pautas para la lectura bíblica inicial

Antes de tratar directamente los elementos que debe tener la introducción de un sermón narrativo, es importante tener en cuenta algunas consideraciones con respecto a la lectura bíblica que generalmente realizas antes de comenzar este tipo de sermón. Este asunto será expuesto respondiendo a tres preguntas comunes que se formulan al respecto.

Pregunta 1: *¿Por qué leer el texto, si se predicará sobre una historia que todos saben que es bíblica?*

Aunque algunos han expuesto que en el sermón narrativo no es imprescindible la lectura bíblica para comenzar, constituye una costumbre generalizada hacerlo. El auditorio cree que quien predica sin leer la Biblia, predica sin autoridad. La pregunta que da inicio a esta sección está siendo formulada por algunos predicadores actuales. Debido a la controversia que podría provocar este asunto, lo más recomendable es permitir a cada predicador decidir hacerlo o no, teniendo en cuenta el auditorio y la ocasión. No obstante como expositor del mensaje del Evangelio, debes tener claras tus intenciones. Tu principal propósito es la persuasión y transformación de tus oyentes, lo cual no debe arriesgarse a causa de un empeño en aplicar "métodos de moda" en el púlpito. Ante cualquier duda al respecto, prueba la siguiente regla: Todo lo que impida o dificulte que el ser humano crea y cumpla la Palabra de Dios, no es predicación evangélica.

No obstante, en esta sección se brindarán algunos consejos prácticos en caso de que desees leer un texto bíblico antes de pasar directamente al cuerpo del sermón.

Pregunta 2: *¿Debe leerse la historia completa en el inicio del sermón?*

Uno de los errores que más comúnmente se cometen al predicarse sermones narrativos consiste en leer el relato bíblico completo en la introducción. Esto produce cierto sentido de decepción entre los oyentes. Al leerse la historia al principio, se viola la evolución lógica del sermón, pues ¿no es absurdo contar una historia desde el principio hasta el final, y después volver al principio para comentarla? Lo más adecuado es ir tratando y aplicando la historia a medida que ella se desenvuelve. Debes recordar que en la audiencia se encuentran personas que visitan por primera vez (las cuales no tienen conocimiento alguno sobre las historias bíblicas), y otras que no se han dedicado a leer la Biblia lo suficiente como para dominar la mayoría de los relatos que registra. Por tanto puedes perder la oportunidad de narrarles a éstos un suceso que, para ellos, es completamente nuevo. Incluso los oyentes que dominan la historia desean en el fondo que se les exponga como si nunca la hubieran escuchado.

Pregunta 3: *Entonces, ¿qué texto se lee al principio?*

Para ejemplificar este punto, se tomará el célebre relato de David y Goliat (1 Samuel 17:1-53 RV60). Lo más adecuado es escoger uno o dos versículos pertenecientes al pasaje que desea tratarse, siguiendo uno de estos dos criterios:

1. *Tomando los versículos que introducen la escena.* Generalmente los primeros versículos del pasaje bíblico cumplen esta función. En el pasaje que se ha tomado como ejemplo, podrían leerse

los primeros tres versículos de la historia, los cuales colocan al oyente en la escena específica donde iniciará la trama del relato.

2. *Tomando unos versículos claves dentro del desarrollo del relato que brinden una especie de avance.* Una estrategia usada en las telenovelas y series actuales consiste precisamente en esto; brindan un avance por adelantado de lo que sucederá en el capítulo siguiente. La elección de este versículo dependerá del énfasis con el que desees tratar la historia. De esta manera, el auditorio recibe un avance del pasaje que será expuesto, pero desconocerá el resto del tratamiento que darás al relato y los matices que brindarás a través de tu narración. En el caso que se está analizando, los versículos 9 y 10 podrían usarse en este sentido, ya que impresionan desde el principio a la audiencia por la fuerza de la que están impregnados.

Entonces, cuando se han leído estos versículos de presentación, los oyentes trasladan su mirada del texto al predicador y esperan, con curiosidad, que les anuncie qué expondrá sobre este pasaje. El predicador, en respuesta, puede incrementar o destruir estas buenas expectativas, dependiendo de la exposición de su introducción.

Funciones de la introducción del sermón

La importancia atribuida a la introducción se debe a las funciones que debe cumplir en el sermón, las cuales son:

1. Establecer una adecuada relación entre el predicador y el auditorio.

Aunque no sea tu intención, a través de la introducción de tu sermón, te introduces también a ti mismo. Dado el hecho de que este fenómeno no puede ser evitado, debes proponerte alcanzar, a través de ella, los siguientes objetivos:

a) Ganar la buena voluntad de tu auditorio: Es necesario que se establezca cierto nexo de simpatía entre el que habla y los que escuchan. Un predicador arrogante que considere que su mera presencia es un honor para el auditorio, o que manifieste que realiza esta función con molestia, ganará la mala voluntad de la congregación desde el principio.

b) Transmitir credibilidad a sus oyentes: Si los que escuchan perciben que el predicador habla con tanta seriedad y transparencia que debe ser creído, estarán dispuestos a aceptar sus propuestas. Si consideran, en cambio, que quién les habla es sólo un palabrero, o que apenas cree sus propias aseveraciones, el fracaso estará asegurado.

2. Establecer una adecuada relación entre el mensaje y el auditorio: Aunque el predicador se introduce a sí mismo en el inicio de su sermón, su principal y más importante propósito en esta etapa es presentar adecuadamente el tema de su mensaje. Con esto en mente, los objetivos que debes proponerte alcanzar a través de tu introducción, son los siguientes:

a) Ofrecer una buena razón para escuchar el mensaje: Cada oyente se pregunta: "¿Por qué debo escuchar este sermón?" Debes lograr que las personas, después de haber escuchado la introducción, se digan a sí mismas: "parece que el predicador va a hablar hoy sobre un asunto muy interesante", o si se trata de un asunto bien conocido: "parece que el predicador va a abordar hoy este asunto de una manera novedosa."

b) Orientar al auditorio en cuanto al curso que tomará, de manera que los oyentes puedan seguirle: Específicamente en el sermón narrativo es necesario que anuncies en la introducción con qué enfoque será tratada la historia bíblica. De nada sirve comenzar a exponer el relato si los oyentes no saben el objetivo de tal exposición. La introducción del sermón debe dar a entender el tema específico que será abordado, de entre todos los que conforman la historia.

Tipos de introducción

Existen muchas maneras de introducir un sermón. Algunos han planteado, inclusive, que las introducciones efectivas no encuentran límite, siempre que se cuente con imaginación y creatividad. El uso continuo de introducciones cautivadoras requiere de estudio e investigación asiduos. Entre las maneras efectivas de introducir un sermón narrativo, se encuentran las siguientes:

1. Hacer referencia a un tema de actualidad.

El objetivo es lograr que el oyente se interese por la opinión que Dios tiene al respecto. En el cuerpo del sermón mostrarás el tratamiento que se le da al tema en la Palabra de Dios mediante la exposición de acontecimientos paralelos que se encuentran registrados en ella. Podemos introducir con un tema de actualidad de diversas maneras:

a) Haciendo uso de estadísticas actuales. Si se desea abordar el tema de la disciplina de los hijos, por ejemplo, pueden exponerse estadísticas que muestren cuántos jóvenes que practican la prostitución o la drogadicción provienen de familias cristianas. Luego se puede conectar este suceso con la situación en que se encontraba el sacerdote Elí con respecto a sus hijos, y la manera en que Dios lidió con este asunto.

b) Haciendo referencia a noticias recientes.

c) Comentando la opinión de corrientes actuales que ponen en duda ciertos principios bíblicos. Con esto se hace referencia a conceptos erróneos sobre cuál debe ser la conducta cristiana en determinadas situaciones. En este sentido, puede evaluarse el hecho de que no es la primera vez que alguien se levanta con semejante actitud, y proceder a relatar un acontecimiento en que interviene un personaje negativo con opiniones o tendencias paralelas. Por otra parte, pueden refutarse estas opiniones incorrectas, mostrándose un personaje positivo, que actuó de manera contraria.

2. Ponderar el suceso que desea tratarse.

Por ejemplo, anunciar que hablarás sobre un acontecimiento de gran importancia, que produjo grandes resultados, que provocó gran conmoción entre el pueblo, que tuvo gran trascendencia, etc. El propósito es llevar al oyente a una condición de curiosidad en la cual pregunte: ¿Qué acontecimiento es? Esta clase de introducción es, en cierto sentido, arriesgada, pues en el instante en que menciones el acontecimiento anunciado, se levanta otra pregunta en la mente del auditorio: ¿Y por qué este suceso es tan importante y tiene tanta trascendencia?, pregunta que deberás responder en el desarrollo del sermón.

3. Dirigir preguntas al auditorio, las cuales te propones contestar luego a través del mensaje.

Por ejemplo, si vas a predicar sobre el perdón puede iniciar preguntando: "¿Cuántos de ustedes han recibido una ofensa o han sido heridos de una forma tan profunda que han llegado a pensar que la persona que los dañó no merece perdón?"

4. Pedir al auditorio que responda cómo actuaría en una situación hipotética.

Esta es una manera creativa de comenzar el sermón. Puedes crear una situación problemática, y preguntar a los oyentes cómo actuarían ante ella. Puedes preguntar, por ejemplo, qué harían si las personas en que han depositado su mayor confianza, tramaran un complot para dañarlos. Luego pasas a la historia bíblica que deseas tratar diciendo algo así: "una situación como esta se le presentó a un joven que amaba a Dios...", y expones cómo José fue vendido como esclavo por sus propios hermanos, y el resto de lo que hayas planificado decir.

5. Hacer referencia a un testimonio personal.

Puedes comenzar refiriendo a los oyentes un incidente ocurrido en tu vida que te haya hecho meditar sobre el asunto en particular del cual deseas compartirles en el mensaje.

6. Comentar el contexto histórico del pasaje.

Esta es una de las mejores maneras de introducir un sermón narrativo, debido a que brinda al auditorio la panorámica general que rodea el acontecimiento específico del que se va a predicar. Además, este tipo de introducción es la que mejor asimila la estructura propia del sermón, es decir, la narrativa, ya que desde el principio mismo del sermón la historia comienza. La manera más natural de introducir una historia es haciendo historia, por ello es aconsejable que, aunque hagas uso de cualquier otra clase de introducción, de igual forma te refieras al contexto histórico del pasaje.

7. Iniciar con algo de humor.

Algunos predicadores introducen sus sermones con métodos humorísticos y reciben al apoyo entusiasta de la congregación. A decir verdad, los predicadores que logran la simpatía del auditorio haciéndoles reír en el principio son realmente escasos. Debido al éxito que algunos han obtenido a través del humor, muchos inexpertos han creído que pueden reproducir estos buenos resultados imitando sus métodos. Sin embargo, de más está decir que no todos tienen las mismas habilidades para hacer reír a los demás, y es sumamente ridículo presenciar una escena en que, con tal de evitar un bochorno al predicador, algunos oyentes sonríen forzadamente después de que éste ha hecho gala de sus "habilidades humorísticas". Por tanto, usa esta introducción solo si crees que eres bueno en ella, y sí crees que va a ayudarte a sociabilizar con tu auditorio y a preparar el corazón de los oyentes para escuchar con agrado la Palabra de Dios.

CAPÍTULO 4

¿CÓMO ORGANIZO EL SERMÓN?
Estructura y bosquejo

Existen diferentes métodos para estructurar los sermones narrativos. Después que has definido el tema, y que has seleccionado la historia a través de la cual será expuesto, pueden surgirte algunas preguntas: ¿Qué estructura debe darse a una historia bíblica para ser predicada? ¿Deben aplicarse sus principios sólo cuando se haya terminado de relatar la historia? ¿Pueden leerse versículos del pasaje en el transcurso del sermón, o toda la historia debe ser relatada, sin hacer uso de la Biblia en el desarrollo del mismo?

Es objetivo de esta sección responder estas y otras preguntas cerca de la estructura con que debe ser confeccionado y posteriormente expuesto, el sermón narrativo.

Debido a la frecuencia con que los predicadores confeccionan sermones textuales y temáticos, incluso expositivos que no tienen como objeto una historia bíblica, existe la tendencia de ofrecer un tratamiento similar al sermón narrativo. Sin embargo, algunas de estas técnicas no son aplicables en este caso. Descartemos algunas de ellas.

Cómo NO estructurar el sermón narrativo

1. El sermón narrativo no es un análisis de cada versículo de la historia bíblica.

Esto es así por dos razones: Primera, que la estructura del sermón narrativo está conformada por acontecimientos, no versículos. Los acontecimientos de relevancia no se encuentran necesariamente en cada verso, por tanto, no tendrás que exponerlos todos. Y segunda, que la extensión de algunas historias hace imposible que todos los versículos sean analizados, de modo que debes realizar una selección cuidadosa de los versos que contienen la esencia de los elementos que deseas exponer.

2. El sermón narrativo no constituye la ilustración de uno de los puntos que el predicador expone sobre un tema.

Este tratamiento de un acontecimiento bíblico pertenece al sermón temático. En cambio, el sermón narrativo tiene como base de todo el mensaje la historia bíblica. En ella se encuentran el tema y todos los elementos que componen el sermón. La historia no entra en acción en uno de los puntos del sermón, sino desde el comienzo; todo gira alrededor de ella.

3. El sermón narrativo no es la fuente de donde se extraen fríamente los puntos que rodean un tema seleccionado.

En ocasiones, las historias bíblicas son usadas sólo para sacar de ellas tres o cuatro puntos fundamentales, y relacionarlos con el tema principal sin tener en cuenta el relato. Esto es un error, pues al predicador no le interesa qué sucedió en el relato, ni cómo los personajes arribaron a las conclusiones o tomaron las decisiones que está exponiendo. Su intención es sólo tomar los elementos que necesita para desarrollar su tema, y nada más. Sin embargo, esto no debe ser así. La historia bíblica debe ser tratada como tal. El predicador no la "usa"; la revive, la expone, la ofrece al auditorio en su panorámica general. Ella debe hablar por sí misma. Ella desafía al oyente mientras es relatada. Debes confeccionar y exponer el sermón narrativo siguiendo como guía natural la trama de la historia bíblica.

Pasos para la elaboración del bosquejo

Entonces, ¿cómo se debe estructurar el cuerpo del sermón narrativo?

Se supone que para este punto, ya hayas realizado una adecuada exégesis del texto bíblico. No obstante, el proceso no ha terminado; el pasaje aún debe ser analizado con el objetivo de organizar los elementos que guiarán la exposición del sermón.

A continuación verás los pasos básicos que deben guiarte en este proceso de análisis y confección del sermón narrativo.

1. Lee el pasaje con detenimiento.

2. Dedica tiempo a proyectar la historia en tu mente, como si fuera una película.

3. Haz una lista de los acontecimientos principales que tienen lugar en el pasaje.

4. Determina cuáles son los versículos que resumen cada uno de estos acontecimientos.

5. Anota tus apreciaciones generales sobre el hecho.

6. Define el hilo conductor.

7. Selecciona, teniendo en cuenta el hilo conductor, los elementos de la historia que formarán parte del cuerpo del sermón.

8. Busca las aplicaciones adecuadas para cada uno de estos puntos principales.

Para mostrarte cómo deben cumplirse cada uno de estos pasos, se tomará como ejemplo el clásico relato de David y Goliat (1 Samuel 17:1-58). Este pasaje está compuesto por varias escenas y se caracteriza por su notable extensión. Esta ejemplificación comenzará desde los pasos 3 y 4, por razones obvias.

Pasos 3 y 4: Hacer una lista de los acontecimientos principales que tienen lugar en el pasaje y los versículos donde se encuentran:

✓ Los filisteos le declaran la guerra a Israel (2)

✓ Le envían un paladín que desafía al ejército de Israel (4-10)

✓ Israel se llena de miedo y no responde este desafío (11)

✓ Los hermanos mayores de David estaban en el ejército (13)

✓ David es enviado por su padre a llevarles alimento (17-22)

✓ David escucha la provocación del gigante y se indignó (23-26)

✓ David es criticado por sus hermanos (28)

✓ David pide que le dejen enfrentar a Goliat (32)

✓ El rey Saúl lo subestima (33)

✓ David no acepta la armadura que le ofreció el rey (39)

✓ Goliat se burla de David (42-44)

✓ David tiene fe en que Dios lo ayudará (45- 47)

✓ David mata a Goliat (48-50)

✓ Los filisteos huyen (51 b)

✓ El ejército de Israel se llena de valor, persigue al ejército filisteo y lo derrota (52)

✓ Saúl se interesa por David, y queda admirado (55-58)

Paso 5: Anote sus apreciaciones generales sobre el hecho.

✓ Este pasaje muestra una guerra entre el pueblo de Dios y el enemigo.

✓ Ellos, en un inicio estaban dispuestos a pelear, pero el enemigo les envió un paladín tan grande que se llenaron de miedo.

✓ Ninguno de los hombres de guerra que conformaban el ejército israelita (incluyendo los hermanos de David), aceptó el desafío.

✓ Mientras esto pasaba, David se encontraba cumpliendo su deber.

✓ David se indignó con esta actitud, porque relacionó la vergüenza del pueblo a la reputación de Dios.

✓ Sus hermanos, el rey y Goliat, miraron su apariencia externa, que era joven e inexperto.
✓ David aceptó el reto no confiando en su fuerza, sino en la fidelidad de Dios.

✓ Cuando David mató a Goliat, ofreció al ejército la inspiración que necesitaba. Estos se llenaron de valor por su conducta.

Pasos 6 y 7: Definir el hilo conductor y seleccionar los elementos de la historia que formarán parte del cuerpo del sermón.

Como se ha explicado en la lección anterior, en dependencia del tema, será el tratamiento que recibirá la historia. Para esto debes resumir el tema en una frase breve. Esta frase constituye el hilo conductor, es decir: el enfoque con el que será tratada la historia. Puedes transformar el tema en una pregunta y encontrar los elementos principales de la historia respondiendo la misma.

Mira estos ejemplos de hilos conductores y los elementos que, de acuerdo a estos, se seleccionaron del relato. Estos elementos constituyen los detalles que tratarás con énfasis, y los momentos en que te detendrás para ir aplicando la historia. Es decir, respondiendo a la pregunta encontrarás los puntos de tu mensaje.

Primera propuesta: "¿Qué hizo de David, un vencedor?"

A. Estaba en obediencia
B. Fue inconforme con el problema.
C. Se ofreció él para solucionarlo.
D. Superó las críticas.
E. Fue movido por su fe.
F. No solo habló, sino actuó.
G. Glorificó a Dios.

Segunda propuesta: "Obstáculos en el camino a la victoria" (En este caso no es una pregunta sino simplemente el tema resumido en una frase)

A. Un ejército enemigo que ha declarado la guerra.
B. Un pueblo atemorizado e inactivo.
C. Un rey que no cumple su función.
D. Unos hermanos que nos menosprecian.
E. Un líder que nos subestima.
F. Un paladín que nos desafía.
G. Una batalla en la que todos creen que perderemos.

Tercera Propuesta: "Diferencias entre la actitud de los guerreros y la de David"

Veamos esta propuesta en una tabla comparativa para mejor comprensión.

Los otros guerreros	David
Eran hombres experimentados en guerra.	Era sólo un pastor de ovejas.
Vieron el problema desde la perspectiva de los hombres. Sólo veían ante ellos un gigante invencible.	Vio el problema desde la perspectiva de Dios. Consideró el desafío de Goliat como una ofensa a Dios.
Dudaron de la fidelidad de Dios. No se detuvieron a pensar en el papel de Dios en el asunto.	Creyó a Dios. Sabía que Dios amaba a su pueblo, y su fidelidad era la garantía de su victoria.
Depositaron su confianza en las habilidades de guerra. Se manifestó cuando menospreciaron a David por su porte, y cuando quisieron vestirlo con la armadura, pensando que así mejorarían su posición.	Depositó su confianza en el poder de Dios. No le preocupó su propia incapacidad, ni el riesgo de presentarse ante el gigante sin armadura. Sabía que Dios haría lo que él no podía hacer.

Esperaron a ver para creer. Solo después que David venció a Goliat, decidieron perseguir a los filisteos.	Creyó, y Dios lo respaldó.

Paso 8: Buscar las aplicaciones adecuadas para cada uno de estos puntos principales.

Lo más adecuado es ir aplicando los principios que enseña la historia a medida que esta se desarrolla, y no al final. De este modo, se evita a los oyentes un recorrido doble por el relato. Además, puedes lograr mayor efectividad si aplicas cuando el auditorio tiene fresco en su mente aquello que será aplicado. Esto se cumple, sobre todo, en historias de considerable extensión.

Para mostrarte cómo debes ir aplicando cada punto de la historia, vamos a tomar como ejemplo la primera propuesta ofrecida en el punto anterior, con el título: "¿Qué hizo de David, un vencedor?".

A. Estaba en obediencia

La obediencia es una de las maneras de ser guiados por Dios hacia las circunstancias que provocarán cambios en nuestras vidas. Dios colocó a David en las circunstancias correctas, porque él se dejó guiar por las órdenes que su padre le había dado. Llevando alimento a sus hermanos, se encontró de frente con el medio que lo llevaría a la victoria. La vida de obediencia tiene como base la seguridad de que Dios guía las circunstancias de aquellos que le agradan.

B. Fue inconforme con el problema.

Aquellos que evaden los problemas, o aprenden a convivir con ellos, nunca serán agentes de cambio. La inconformidad de David estaba íntimamente relacionada con un celo ferviente por guardar la honra de Dios. Del mismo modo, sólo los que están inconformes con las situaciones que entristecen u ofenden a Dios encontrarán el camino para solucionarlas.

C. Se ofreció él para solucionarlo.

Muchas personas sienten inconformidad con respecto a la vida y actividad de la Iglesia, pero sugieren que otros las solucionen. Sin embargo, David se ofreció para pelear con el gigante. De la misma manera, sólo aquellos que tienen la iniciativa de ser la persona que "da el frente" a la situación difícil, son usados por Dios.

D. Superó las críticas.

Es normal que aquellos que no hacen nada critiquen al que hace algo. Es una manera de excusar su propia negligencia. Sin embargo, David superó las críticas y avanzó con su decisión. En el liderazgo sucede igual, pero es necesario avanzar hasta alcanzar lo que Dios nos ha movido a hacer.

E. Fue movido por su fe.

Si David hubiera mirado las circunstancias externas, se hubiera llenado de miedo. Quizás estemos rodeados de condiciones adversas. Quizás nadie crea ni apoye la visión que Dios nos ha dado, pero es necesario comprender qué parte toca al hombre y qué parte toca a Dios. La parte del hombre es creer, la parte de Dios es ser fiel.

F. No solo habló, sino actuó.

David no fue un palabrero. Mostró su indignación, pero acto seguido tomó su honda y se presentó delante del paladín, respondiendo su desafío. Es necesario que respaldemos nuestras palabras con nuestros actos. Hablar no nos llevará a la victoria, sino caminar hacia nuestros objetivos a través de acciones concretas.

G. Glorificó a Dios.

David en todo tiempo tuvo claro que no vencería por sus fuerzas, sino en el nombre y con la ayuda de Jehová de los ejércitos. Por ello, con sus palabras no se exaltó a sí mismo, sino que dijo a Goliat: "Jehová te entregará en mi mano". Todas las victorias que obtenemos en nuestras vidas son mérito de Dios. Es Él quien guía nuestros pasos hacia las circunstancias adecuadas y quien nos hace, por su gracia, vencedores.

Después de tener clara la manera en que irás aplicando cada uno de los puntos de tu mensaje, debes pensar en la forma en que expondrás la historia bíblica.

Cómo relatar la historia bíblica

1. Selecciona los versículos (o la parte de ellos), que ilustran los aspectos que has elegido para hacer énfasis.

2. Narra la historia hasta llegar a cada aspecto principal. Y una vez allí, haz preguntas a los oyentes que respondas luego, leyendo el versículo bíblico. Por ejemplo, puedes narrar de esta manera: *"Y mientras David preguntaba a sus hermanos cómo estaban, presenció la escena que*

tenía lugar día tras día en el campo de batalla. Aquel gigante se paró frente al campamento israelita y desafió a todo el ejército, pidiendo un hombre que peleara con él. Otra vez, todo Israel hizo silencio. Nadie levantó la mano. Nadie pasó al frente: ni el rey, ni los generales, ni sus hermanos. Por el contrario, todos huían espantados de su presencia. Y ¿qué hizo David, entre aquellos hombres de guerra que miraban temblorosos al paladín filisteo? ¿Qué hizo aquel muchacho al ver que los veteranos en la batalla retrocedían ante el enemigo? Dice la Escritura que, contra todas las probabilidades, se llenó de celo y preguntó indignado… en este momento se lee el versículo 26 b) *"¿quién es este filisteo incircunciso, para que provoque a los escuadrones del Dios viviente?"*

3. Argumenta con creatividad aquellas declaraciones que el texto hace brevemente. Por ejemplo, la crítica de sus hermanos puede ser alargada, los pensamientos de desprecio que probablemente pasaron por la mente del rey y sus soldados pueden ser considerados. Siempre que expongas detalles que no se registran en el relato, pero que pudieron haber sucedido, debes acompañar tus declaraciones con frases como: "quizás, probablemente, cabe la posibilidad de

que, etc., pues lo que no dice la Escritura, no puede afirmarse con seguridad.

Recuerda que la historia no debe ser manipulada para que diga lo que deseas que diga. Debes acercarte a ella con sinceridad, y preguntarte cuál es la enseñanza principal que transmite. Estos aspectos que se han seleccionado para organizar la exposición del sermón narrativo tienen la función de guiar al predicador en aquellas etapas y sucesos de la historia en las que se detendrá para exponer sus principios y la manera en que estos se aplicarán. El objetivo del sermón no es extraer algunos puntos aislados para apoyar un tema, sino exponer la historia, teniendo como guía natural la trama del relato.

CAPÍTULO 5

¿CÓMO TERMINO EL SERMÓN?
La conclusión

Si bien es importante la manera en que se comienza, también lo es el modo en el que se concluye un sermón. Algunos predicadores no dan importancia a la confección de las conclusiones de sus sermones porque no entienden el gran impacto que tienen las últimas palabras de un mensaje. Alguien ha dicho que un predicador inexperto es reconocido, precisamente, cuando es incapaz de aprovechar las ventajas que ofrece la conclusión de su predicación.

El sermón narrativo también requiere de la elaboración cuidadosa de su conclusión. Es necesario que el predicador conozca las maneras más eficaces de terminar su mensaje, de modo que los creyentes sean edificados y motivados a vivir la verdad del Evangelio a través de sus exhortaciones finales.

¿Por qué es tan importante la conclusión?

1. Porque ocupa una posición estratégica en el sermón. Generalmente las palabras que con más claridad recuerda el auditorio son las últimas que pronunció el predicador. Por tanto, debemos esforzarnos por elaborar cuidadosamente estas frases que acompañarán a nuestros oyentes después que hayan regresado a casa.

2. Porque siempre demanda decisiones a los que escuchan. La conclusión tiene la función indiscutible de persuadir a pensar o actuar de acuerdo al Evangelio. A través de ella realizamos nuestro último intento de mover el corazón, la mente y la voluntad de la congregación. Teniendo en cuenta la seria responsabilidad que esto conlleva, debemos poner atención y cuidado a estas frases finales.

Errores en la conclusión del sermón

Cuando estamos iniciando en el ministerio de la predicación podemos cometer varios errores en la elaboración y proclamación de las conclusiones de nuestros mensajes. Con el objetivo de que los lectores de este libro se conviertan en expositores efectivos de la Palabra de Dios, se ofrecerá a continuación una lista de algunos de los errores más comunes que se han detectado en la conclusión de sermones.

No debe concluirse un sermón:

1. Ofreciendo disculpas por haber predicado mal.

Algunos principiantes defienden su negligencia soltando, al final del sermón, frases como: *"Disculpen, yo sé que no he predicado bien"*, *"Sé que fulano lo hace mejor que yo"*, *"He estado tan ocupado(a) esta semana que no he tenido tiempo de prepararme lo suficiente"*. Esto provoca resultados catastróficos en este punto de la predicación, haciendo evidente lo que antes no lo era, o dando razón para que los oyentes resten valor a lo que sí lo tenía. Sin contar que constituye una falta de respeto hacia la audiencia, la cual, con razón, podría preguntarse: Si no estaba capacitado o no se preparó para predicar la Palabra de Dios, ¿por qué lo hizo? Es mejor dejar las cosas como están. Si no fuiste tan efectivo como hubieras deseado, concluye invitando a tus oyentes a vivir conforme a la verdad expuesta, y prepárate mejor para la próxima ocasión.

2. Anunciando que se ha terminado.

El predicador dice algo como esto: *"Bueno, esto es todo lo que tenía que decir"*. Normalmente, una conclusión elaborada adecuadamente hace saber a los creyentes que se está concluyendo. No es necesario anunciarles que se ha terminado, ellos se percatarán de ello a través de las últimas frases.

3. Deteniéndose repentinamente, en contra de lo esperado.

En el intento de evitar el error expuesto en el punto anterior, puedes caer en este. La audiencia debe percatarse de que el sermón está concluyendo. No es correcto que interrumpas tu sermón sin que nadie lo espere, y te sientes. Podemos afirmar que cuando esto ocurre ese sermón careció de conclusión.

4. Girando interminablemente sobre las mismas ideas.

Esta es la conducta típica de aquellos que no prepararon de antemano su conclusión, o que acostumbran a improvisarla. Luego, llegado el momento, no saben cómo terminar. Esta palabrería redundante resulta muy ineficiente en

2

este punto tan importante del sermón, donde la brevedad y la precisión son determinantes.

5. Usando frases negativas.

Debes evitar concluir con declaraciones de derrota o castigo como: *"Si no te arrepientes de tu pecado, irás al infierno"*, *"De todas maneras, si has rehusado servir a Dios, habrá alguien más que lo haga"*, *"Si decides apartarte de Él, no le haces daño a nadie, él puede levantar hijos suyos aún de las piedras."* Si deseas colocar ante el oyente las dos opciones que tiene delante, es mejor anunciarle primeramente la negativa, y luego la positiva. El predicador debe mostrar claramente al final de su mensaje que el oyente tiene el deber, el privilegio, y la posibilidad de optar por la voluntad de Dios, y que él, como vocero del cielo, desea ardientemente que así lo haga.

6. Sacrificando claridad por belleza.

En ocasiones los predicadores, en el intento de impresionar a la congregación usan frases complejas en el cierre y producen frustración en aquellos que no tienen la capacidad de seguirles el ritmo. El deseo de ser reconocidos por nuestro dominio de la oratoria no debe impulsarnos a sacrificar la comprensión que los oyentes deben tener de la conclusión ya que esta es esencial para que obedezcan a la verdad bíblica.

Tipos de conclusión

Antes de confeccionar la conclusión, debes preguntarte:

¿Qué deseo lograr a través de este mensaje?

¿Cuál es la respuesta que demanda esta historia de los creyentes?

¿Cuál es la idea que deseo que conserven con mayor claridad y fuerza al terminar el sermón?

¿Cuáles frases pueden incluir lo esencial del mensaje?

¿Cómo puedo elaborar un llamamiento efectivo a obedecer esta verdad de modo que no tengan excusa si se niegan?

La respuesta a este tipo de preguntas te ayudarán a seleccionar las frases que conformarán la conclusión.

Existen muchas y variadas maneras de concluir un sermón. Aquellas que son más apropiadas para concluir un sermón narrativo son las siguientes:

1. Recapitular

La recapitulación no consiste en volver a predicar el mensaje, sino en resumir en unas pocas frases sus aspectos más relevantes. En el caso del sermón narrativo, se puede aplicar a los principales elementos que se destacan en la historia bíblica. Por ejemplo, observa la siguiente conclusión por recapitulación elaborada de la segunda propuesta ofrecida en la sección anterior que tenía por título: "Obstáculos en el camino a la victoria"

"Sí, muchas veces encontrarás en tu camino un ejército que ha declarado la guerra, un pueblo atemorizado e inactivo, un rey que no cumple su función, unos hermanos que te menosprecian, un líder que te subestima, un paladín que te desafía, una batalla en la que todos creen que perderás. Pero no tengas temor. Alégrate y fortalece tu corazón porque no son sino obstáculos que Dios ha permitido en tu camino. Por tanto, no los ignores, no los evadas, no retrocedas, porque están delante de ti para llevarte a la victoria."

2. Citar un texto bíblico
Este método tiene dos variantes:

a) Citar un texto externo a la historia que resuma su mensaje.

Una manera de aplicar este método es tomar un texto del Nuevo Testamento que haga alusión al acontecimiento expuesto. El capítulo 11 de la Epístola a los Hebreos, por ejemplo, constituye un compendio de alusiones a ciertos hechos y personajes del Antiguo Testamento. Si se ha predicado sobre la obediencia de Moisés al llamamiento divino, bien podría concluirse con los versículos 24 al 26 de este capítulo, los cuales dicen: *"Por la fe Moisés, hecho ya grande, rehusó llamarse hijo de la hija de Faraón, escogiendo antes ser maltratado con el pueblo de Dios, que gozar de los deleites temporales del pecado, teniendo por mayores riquezas el vituperio de Cristo que los tesoros de los egipcios; porque tenía puesta la mirada en el galardón."* (Hebreos 11:24-26 RV60)

b) Citar el texto con el que se comenzó

Si el texto seleccionado de en medio de la historia para comenzar el sermón, de alguna manera resume o abarca la idea general del mensaje, puedes repetirlo para concluir. Supongamos que has basado tu mensaje en la obra de edificación de los muros de Jerusalén que llevó a cabo Nehemías, y comenzaste con las palabras que Nehemías respondió a sus enemigos cuando estos se oponían a la obra que iba a comenzar: *"El Dios de los cielos, él nos prosperará, y nosotros sus siervos nos levantaremos y edificaremos"* (Neh 2:20 RV60) Este versículo resume tu propósito, que es impulsar a la congregación a levantarse y edificar a pesar de la oposición del diablo. Puedes conluir leyendo este texto nuevamente, como la exhortación final de tu mensaje.

3. Aplicar de forma general

Como se ha visto, lo ideal en el sermón narrativo es ir aplicando en el transcurso de la historia. A través de este método, puedes buscar una frase que, sin volver a mencionarlas, incluya las aplicaciones particulares que se han ido realizando a lo largo del mensaje. Un sermón que, basado en el relato bíblico de Éxodo 32 "El becerro de oro", haya hecho énfasis en la manera en que Aarón fue infiel en su responsabilidad de dirigir al pueblo mientras Moisés estaba en el Sinaí, fundiéndoles un ídolo, podría concluir de esta manera:

"Dios nos ha encomendado una labor hermosa y a la vez solemne: ser ministros que le honren y enseñen a todos a honrarlo. No permitamos jamás que ninguna circunstancia, por difícil que sea, nos lleve a violar este sagrado deber de guiar a su pueblo en la comprensión y respeto de su santidad"

4. Citar un himno o canción.

Si tienes la dicha de encontrar un himno que en alguna de sus partes resuma el mensaje que deseas transmitir a sus oyentes, bien puedes concluir citando ese fragmento del mismo. Un sermón en que se haya expuesto la muerte de Jesús, puede concluirse citando algunos de esos hermosos himnos congregacionales que se refieren con gran devoción a este acontecimiento: "En la cruz", "La cruz de Jesús", etc.

También puedes invitar a la iglesia a cantar una canción sobre el tema del que has predicado y aprovechar la ocasión para orar por quienes desean responder al llamado del mensaje.

Consejos para el momento
de la conclusión del sermón

No sólo debes poner cuidado en la elaboración de la conclusión por escrito, sino en su exposición en el púlpito. Si la correcta confección no es acompañada de la correcta proclamación, no se lograrán los resultados deseados. A continuación se brindan algunos consejos valiosos para ser tenidos en cuenta en el momento en que expongas la conclusión de tu sermón:

1. Mantén contacto visual con tus oyentes.

Siempre procura mirar a los ojos de tus oyentes en este momento crucial. Has hablado de parte de Dios, y ardientemente deseas que la congregación escuche y cumpla el mensaje divino. No hay nada que llene tanto tu espíritu y tu mente como la urgencia de que tu audiencia sea persuadida a vivir conforme al Evangelio. Por tanto, debes decir estas frases finales como si toda tu vida te fuera en ello, y la congregación debe percatarse de que así es. Tus ojos deben reflejar esta urgencia; a través de ellos debe ser expresada.Tu mirada debe recorrer el auditorio mostrando firmeza y honestidad.

Para mantener contacto visual con los oyentes harás bien en evitar:

a) Leer la conclusión.

Algunos predicadores, en el intento de concluir con las frases exactas que han elaborado, leen la conclusión. Éstos hacen bien en tratar con esmero este momento, sin embargo, si desean exponerla de la misma manera en que la han confeccionado, lo cual es ideal, resultaría mucho más provechoso si la aprendieran de memoria.

b) Accidentes que distraigan la atención.

Se espera que en este momento la audiencia esté sumamente atenta a las palabras finales del predicador. Por tanto, evita que se produzcan accidentes que distraigan la atención, tales como la caída de un papel del púlpito o algún movimiento brusco o sonido inesperado.

2. Evita el humorismo.

No está mal hacer uso del humor en el inicio del sermón, y quizás en el transcurso del mismo. Sin embargo, la amonestación o exhortación final del sermón no es el mejor momento para ponernos chistosos. La respuesta de los creyentes a la

Palabra de Dios es asunto de vida o muerte. No es momento de reír, sino de meditar con sinceridad en el estado de sus almas y tomar decisiones.

3. No añadas material nuevo.

Se supone que a esta altura del mensaje hayas expuesto todo lo que comprende la historia bíblica, y que hayas analizado y aplicado sus principios. La conclusión no debiera incluir nuevos principios, o detalles nuevos de la historia. La conclusión no tiene como propósito enseñar (esto ya se ha hecho en el cuerpo del sermón), sino mover a la acción.

La conclusión es uno de los momentos más importantes del sermón, por tanto debe ser confeccionada con cuidado y proclamada con fervor.

CAPÍTULO 6

¿CÓMO EXPONGO EL SERMÓN?
La proclamación

El trabajo de investigación y organización de información que debes realizar para exponer una historia bíblica es realmente arduo. Sin embargo es necesario tener en cuenta que una hoja con notas organizadas no es un sermón. El sermón tiene lugar en el púlpito, cuando es pronunciado por el predicador. El arte de la predicación consiste en la proclamación efectiva del Evangelio. Lo demás es herramienta, preparación, organización, acumulación de material. El sermón no es consumado en un estudio, sino frente a la congregación, *"Es una acción, un evento hablado"*[2] La predicación no consiste del arreglo

---

[2] Long, Thomas G. "The Witness of Preaching" Westminster John Knox Press. Kentucky, 2005.

apropiado de material, sino de la exposición efectiva de éste.

La presentación adecuada del sermón es, precisamente, el objeto de análisis de este capítulo. Y esta parte tiene mucho que ver con el predicador mismo.

El predicador y su mensaje se convierten en un solo cuerpo en el púlpito, ya que ponemos mucho de nosotros mismos en lo que decimos. Dos personas pueden predicar el mismo mensaje y obtener resultados totalmente diferentes. Uno hace dormir a su audiencia; el otro capta su atención desde el principio. Uno les hace mirar continuamente el reloj; el otro les hace olvidar el tiempo. Uno saca de ellos bostezos; el otro, genuinas lágrimas. Uno los mantiene testarudos; el otro los convence, persuade e impulsa a la acción. La letra es la misma, pero el efecto es diferente, porque es diferente la manera en que es expuesta.

Existen tres etapas fundamentales por las que atraviesas al llegar el día en que debes exponer tu mensaje: el antes, el durante, y el después de la predicación. Teniendo como guía natural estas etapas, se ofrecerán consejos prácticos que resultan decisivos en cada una de ellas.

Antes de exponer el sermón

¿Qué debes hacer antes de exponer el sermón? Podría resumirse con estas palabras: Preparar tu corazón, tu mente y tu cuerpo para predicar. Para ello, es esencial que realices las siguientes actividades como parte de tu preparación previa.

1. Orar fervientemente (cada día, por cierto)

Muchos predicadores han cometido el grave error de orar fervientemente un día, o quizás algunas horas antes de subir al púlpito, usando la oración como una especie de amuleto que les asegurará el éxito. Nada más lejano de la verdad. Sólo el hombre y la mujer que son capaces de interceder día y noche por su pueblo pueden tener la garantía del respaldo divino. Sólo aquellos que apartan suficiente tiempo para sentarse a los pies del Altísimo, y escuchar qué desea Él decir a su iglesia, serán verdaderos voceros de su Palabra. Aún hoy, Él continúa preguntando: *"Porque ¿quién estuvo en el secreto de Jehová, y vio, y oyó su palabra? ¿Quién estuvo atento a su palabra, y la oyó?"* (Jeremías 23:18 RV60) Y asegura a aquellos que pretenden hablar en su nombre: *"Pero si ellos hubieran estado en mi secreto, habrían hecho oír mis palabras a mi pueblo, y lo habrían hecho volver de su mal camino, y de la maldad de sus obras."* (vers. 22)

Es en Su secreto donde el ministro recibe lo que debe hablar al pueblo. Sólo el mensaje que ha sido puesto por Dios en tu corazón, a través de íntima y ferviente oración, puede traer poder y vida. Si el expositor de la Palabra de Dios no está dispuesto a negarse a sí mismo y tomar sobre sí la enorme responsabilidad de orar fervientemente, puede dejar de leer este libro. Todos los consejos que se brindan aquí se vuelven puro profesionalismo oratorio sin el soplo vivificante que trae el Espíritu de Dios cuando es proclamado el mensaje que Él, personalmente, ha suministrado al predicador.

2. Descansar.

Nada hay más dañino que dejar la preparación del sermón para último momento. No es un secreto para nadie que cuando esto ocurre, es mayor el agotamiento que se lleva al púlpito. Es perjudicial para la salud someterse a la presión del estudio riguroso, y luego, sin descanso, someterse a la presión de recordar lo que se ha preparado y a la de brindar al sermón esa dosis, siempre necesaria, de improvisación. Por tanto debes intentar presentarte descansado ante tu audiencia. De esta forma, tu cuerpo y tu mente obtendrán el vigor que necesitan.

3. Moderarte en el comer.

Aunque este consejo parezca una trivialidad, no lo es. Intenta comer poco y ligero antes del momento de predicar. Tener el estómago repleto produce cierta pesadez al hablar. Además, nadie ignora la tortura que puede producir un trastorno digestivo en el momento en que se intenta hablar en público.

4. Vestirte adecuadamente.

El predicador es un embajador del cielo; ¿por qué no se viste como tal? Cuando el ministro se presenta ante su auditorio peinado y vestido adecuadamente, los oyentes reciben una impresión muy positiva. Se dicen a sí mismos: "Este predicador sí toma en serio lo que hace", "Realmente considera muy importante venir a hablarnos a nosotros" ¿Por qué? Porque todos los seres humanos seleccionan su ropa en relación a la importancia de la ocasión. De modo que, aunque no sea lo más importante, en dependencia del vestuario que haya seleccionado el predicador, la congregación podría sentirse más o menos valorada. Un maestro de oratoria realiza una pregunta muy interesante sobre la reacción de la audiencia ante un orador con mala apariencia: *"¿No es probable que supongan que el cerebro de este hombre está tan descuidado como sus zapatos sucios o su pelo desgreñado?"*[3]

5. Ser puntual.

La puntualidad es siempre una virtud bien recibida. Además, si no conoces el local donde debes predicar, harás bien en observarlo de antemano, a fin de evitar incidentes inoportunos.

6. Comportarte debidamente en el transcurso del servicio.

Da muy mala impresión, por ejemplo, que el predicador se muestre insensible o distraído mientras cantan alabanzas en el servicio, y luego, llegado el momento de predicar, exclame con devoción: "¡Qué inmenso placer produce alabar con todo el corazón al Señor!" Los oyentes sabrán que sus palabras no son sino pura artificialidad, un recurso barato para aparentar espiritualidad

---

[3] Carnegie, Dale. "Cómo hablar bien en público e influir en los hombres de negocio". Editorial Hermes. Buenos Aires. 1990

porque él mismo no estaba adorando en medio del culto.

Mientras se expone el sermón

¿Qué debes hacer mientras expones el sermón? Podría resumirse de la siguiente manera: "Hablar y comportarte con vehemencia." ¿Qué significa ser vehemente? Significa exponer tu mensaje con fuerza impetuosa. Debes arder y estar lleno de pasión.

Dos causas fundamentales producen vehemencia en el predicador del Evangelio:

1. Cuando ha vivido su sermón.

Nada hay que se hable con mayor entusiasmo y fervor que lo que se ha vivido. Cuando hemos experimentado la santidad que proclamamos, somos capaces de comunicar, con todo nuestro ser que sí es posible alcanzarla. Cuando hemos orado incesantemente podemos describir con dulzura inigualable la cercanía de la presencia del Espíritu Santo. Cuando hemos vivido nuestro mensaje, lo expondremos con pasión arrolladora, porque entonces no habrá un abismo entre lo que somos y lo que decimos; todas nuestras palabras formarán parte inseparable de nosotros mismos.

2. Cuando desea ardientemente que su auditorio viva su sermón.

Todo aquel que predica el Evangelio debe escudriñar constantemente sus motivaciones. Si nuestro objetivo es salir rápido un momento desagradable, torturaremos a nuestros oyentes con nuestra indiferencia hacia lo que decimos. Si es ganar fama de buenos oradores, quizás logremos que la gente admire algunas de nuestras dotes, pero no impactaremos a nadie. En cambio, si lo que nos mueve es nuestra decisión de predicar el Evangelio y el anhelo de que cada alma que nos escucha sea salvada, santificada y motivada a seguir a Cristo, entonces seremos revestidos con una potente vehemencia. Seremos como un volcán en erupción. ¿Quién podrá apagar un hombre o una mujer impregnados del fuego divino? ¿Quién podrá silenciar a aquel que sabe con certeza que su mensaje es cuestión de vida o muerte? ¿No fue ésta la experiencia del profeta Jeremías cuando dijo, acerca de las palabras que Dios le había ordenado hablar: "(…) *había en mi corazón como un fuego ardiente metido en mis huesos*"? (Jeremías 20:9 RV60)

Esta vehemencia tan necesaria para dar vida a las palabras del mensaje, suele ser expresada a través de la voz y la gesticulación. Estas áreas constituyen los canales por medio de los cuales se manifiesta. A continuación se analizarán cada una de ellas por separado.

Expresión oral

La voz es el instrumento principal del predicador. Es increíble la variedad de emociones que pueden ser transmitidas a través de ella. Existen algunas técnicas relacionadas al uso de la voz que enriquecen y brindan vida a la exposición del mensaje. Éstas son:

1. Variar el tono de voz.

No es necesario estudiar oratoria para saber variar el tono de la voz. Ocurre diariamente en la conversación cotidiana. ¿Qué son los tonos? Si tocas una por una las teclas de un piano notarás la diferencia entre sus sonidos. De la misma manera, debe variarse el tono de la voz en la predicación, de acuerdo a lo que se dice.

2. Variar la velocidad.

No debieras hablar en cada parte del sermón con rapidez; tampoco con lentitud. Lo ideal es procurar variar la velocidad durante la exposición, de acuerdo a lo que desees enfatizar. Lo que sí debieras evitar es hablar con una velocidad que normalmente no usas en tu conversación cotidiana. La mayoría de las veces los oyentes te conocen y puede resultarles extraño escucharte hablar de una forma artificial o forzada que normalmente no usas.

3. Hacer pausas en lugares adecuados.

Generalmente, cuando somos predicadores principiantes, sentimos al subir al púlpito una especie de terror a las pausas en medio del mensaje. Por eso comenzamos a hablar atropelladamente desde que nos paramos frente a nuestra audiencia. Creemos que mientras más hablemos la gente creerá que tenemos mayor dominio del tema. De esta manera echamos a un lado uno de los recursos retóricos más fuertes del predicador: el silencio. Si bien el proferir palabras comunica ideas, también lo hace el silencio (usado adecuadamente, por supuesto). Vale la pena recordar las sabias palabras de Spurgeon: *"El habla es de plata, pero el silencio es de oro cuando los oyentes no están atentos."*[4]

---

[4] Spurgeon, Charles Haddon. "Discursos a mis estudiantes" Casa Bautista de Publicaciones. TX 1980

Con respecto al uso del silencio, se brindan las siguientes sugerencias:

a) Tómate el tiempo necesario al llegar al púlpito. Párate serenamente y organiza tus notas y tu Biblia. No hay prisa. Respira tranquilamente, mira con simpatía a tu auditorio, y cuando estés listo comienza a hablar.

b) Haz pausas antes y después de las ideas importantes. Antes, para advertir al auditorio que estás a punto de decir algo importante; después, para permitir que saboreen lo que has dicho.

c) No temas al silencio breve que puede producir la elaboración de alguna idea. Si tu mirada es segura, nadie pensará que te has "quedado en blanco". Antes, es probable que lo atribuyan a la profundidad de tu pensamiento. Es mejor un silencio oportuno, que un desborde de palabrerías que después haya que corregir.

4. Usar correctamente el volumen de la voz.

Evita comenzar desde el principio en un volumen muy alto pues llegarán momentos de mayor entusiasmo, y deseando enfatizarlos, te verás obligado a forzar aún más la voz. Verifica que se te escucha y entiende claramente en todo el edificio o área donde estés predicando a través de los equipos de sonido para que no tengas que esforzarte tanto.

5. Evitar, a toda costa, la imitación.

Es increíble cómo algunos, a causa de escuchar frecuentemente mensajes de predicadores extranjeros, llegan a imitar hasta sus acentos regionales. ¿Qué hace un cubano predicando como si fuera argentino o mexicano? De más está decir que si hacemos esto nos estamos poniendo en ridículo frente a aquellos que saben cómo nos expresamos en la cotidianidad. Habla con naturalidad, como si estuvieras aconsejando a tus amigos, no como interpretando un papel teatral.

Expresión gestual

El predicador no sólo manifiesta vehemencia a través de su voz, sino también por medio de las expresiones de su rostro y los movimientos de su cuerpo. Muchos maestros han querido esquematizar ciertos gestos que deben hacerse cuando se dice esta o aquella palabra, contribuyendo a formar, más que predicadores, autómatas. Los gestos son acompañantes inevitables de la comunicación humana, y cada ser humano se expresa diferente en este sentido. Es absurdo que un predicador adopte la gestualidad de otro, y que así ocurra con toda una generación que es enseñada con los mismos esquemas. ¿Dónde quedaría la preciosa individualidad con la que Dios dotó a cada ser humano? Por tanto, no se brindarán, en esta parte, reglas precisas de cuáles gestos deben acompañar momentos o palabras específicas de la exposición del mensaje, sino sólo los consejos mínimos que debieran ser escuchados al respecto. Éstos son:

1. Sé espontáneo.

Evita la rigidez. Deja que tus ademanes sean la expresión de las emociones que sientes en el transcurso de la predicación. Permite que se manifiesten con la misma espontaneidad con que lo hacen cuando estás enojado, desesperado o entusiasmado en tu vida cotidiana. Que tu gestualidad refleje la pasión que te consume en el púlpito. La gesticulación ensayada es poco o nada efectiva; huele a recitación. Di con vehemencia lo que hay en tu corazón, y los gestos, a menos que lo impidas, te acompañarán con fluidez.

2. Evita movimientos que te hagan parecer inseguro.

Cuando te paras detrás del púlpito de una iglesia cristiana, lo haces para dar un mensaje de parte de Dios. Sabe que el pueblo necesita escuchar lo que vas a decir, y que lo harás, no en tu propio nombre, sino en el Nombre y con la autoridad de Cristo. Entonces, no sólo debes estar seguro, sino que la audiencia debe notar que así es. Evita, por tanto, toda expresión o movimiento que muestre inseguridad. Que tus gestos sean enfáticos, certeros y sin vacilaciones.

3. Haz corresponder tus ademanes con lo que dices.

Es extraño observar cómo algunos predicadores, al decir cosas sin importancia, alarman a la congregación a través de ademanes excesivos. También es desagradable la indiferencia con que algunos, al decir verdades y elaborar ideas de gran valor, las expresan como si estuvieran dormidos. Los movimientos de las manos y las expresiones del rostro, deben concordar con lo que expones. Spurgeon cuenta con asombro cómo un predicador, mientras repetía las palabras de Cristo: *"venid a mí todos los que estéis trabajados y cansados..."*, alzaba las manos, cerrando los puños. Nada más inadecuado, ¿verdad?

4. Evita gestos que muestren falta de higiene.

Es desagradable que el predicador se introduzca un dedo en la nariz o en la boca, o comience a rascarse desesperadamente la cabeza o algún otro lugar del cuerpo. Esto, además, distrae por completo la atención de la audiencia.

5. Evita realizar los mismos gestos una y otra vez.

Normalmente los gestos se usan para intensificar ciertas frases o ideas. Si repites el mismo ademán en exceso durante el transcurso del sermón, puede perder esta funcionalidad. Si lo empleas siempre (sin importar la relevancia o significado de lo que dice), ya no tendrá el mismo efecto en momentos de énfasis.

Después de exponer el sermón

¿Qué debes hacer después de exponer el sermón? Podría resumirse con estas palabras: "Seguir comportándote como el predicador." Es decir, el predicador no está separado de su mensaje. Cuando desciendes del púlpito, las ideas que has expuesto siguen martillando tu mente y tu corazón. Tu anhelo de que las almas sean salvadas y edificadas continúa allí. Por tanto:

1. No debes dar la impresión de que acabas de cumplir una tarea desagradable.

Es incorrecto que te sientes en el banco y suspires de tal manera que alguno de tus oyentes note que con tu expresión estás diciendo: "Al fin terminé".

2. No debes salirte de la atmósfera del servicio.

El culto no concluyó sólo porque terminaste tu mensaje. Probablemente aún queda parte del programa: el canto de una canción, algún anuncio final, etc. El predicador debe estar atento a lo que falte por hacer, pues los ojos de algunos de sus oyentes (o los de muchos de ellos), aún estarán sobre él. Debes evitar la tentación de ponerte a conversar al regresar a tu asiento, aunque sea algo referente a tu propio mensaje.

3. Debes tratar bien a tus oyentes una vez terminado el servicio.

Las personas deben saber que tu preocupación por sus vidas es real, no un conjunto de frases y escenas montadas provisionalmente en el púlpito.

4. Debes vivir lo que has predicado.

Si el auditorio sabe que cumples con lo que predicas, estará dispuesto a escucharte, de buena gana, una y otra vez.

Resumiendo esta parte, podemos decir que la predicación no consiste solamente en el arreglo apropiado de material, sino en la exposición efectiva de éste. Antes de exponer tu mensaje, es necesario que prepares tu corazón, mente y cuerpo para predicar. Durante la exposición de tu mensaje debes hablar y comportarte con vehemencia. Y al finalizar el mensaje, debes seguir comportándote como el predicador.

PALABRAS FINALES

Cuando estaba escribiendo mi tesis de grado, requisito para obtener mi Licenciatura en Teología, decidí realizarla precisamente sobre la importancia del sermón narrativo y la necesidad de entrenar a los ministros cristianos en su uso. Como parte del trabajo de investigación realicé numerosas encuestas a miembros de iglesias locales de nivel cultural diverso. Mi intención era conocer el impacto del sermón narrativo en sus vidas en comparación a otro tipo de sermones. Al principio de la encuesta se les definía lo que era un sermón temático, un sermón textual y un sermón narrativo. Luego, debían contestar tres preguntas claves:

1. ¿Qué tipo de sermón prefieres escuchar?
2. ¿Qué tipo de sermón comprendes mejor?
3. ¿Qué tipo de sermón recuerdas durante más tiempo?

Una abrumadora mayoría de encuestados eligió, en las tres preguntas, el sermón narrativo. Esto motivó mi investigación y me convenció de la necesidad de volver a un método que ofrece excelentes resultados en la exposición. Muchos de los predicadores bíblicos, profetas, apóstoles, maestros, y Jesús mismo, hicieron uso de la narración para predicar la verdad. La Palabra de

Dios, nuestra regla de fe, está llena de ejemplos de uso del sermón narrativo, dándose a entender con esto que estamos ante una poderosa herramienta comunicativa que, en manos del Espíritu Santo, puede salvar a los perdidos y edificar al cuerpo de Cristo.

El sermón narrativo constituye un método efectivo y cautivador. Los oyentes, sin importar su edad, estrato social o nivel cultural, disfrutan escucharlo, lo entienden con mayor claridad y lo recuerdan durante mucho tiempo. ¿No es esto acaso lo que desea todo predicador? Acudamos a la sencillez de nuestro Maestro, quien usaba la narración para enseñar a grandes y chicos, a los cultos y a los que no tenían preparación alguna. Las historias de la Biblia esperan por el expositor apasionado y lleno del Espíritu de Dios; desean ser despertadas con voz enérgica y desbordante pasión evangélica para introducirse en el corazón de las congregaciones sedientas del mensaje divino.

Es mi deseo que el Espíritu Santo levante una generación de predicadores ungidos y preparados, en los cuales se cumpla lo que está escrito en 2 Timoteo 2:15: *"Procura con diligencia presentarte a Dios aprobado, como obrero que no tiene de qué avergonzarse, que usa bien la palabra de verdad.*

Made in the USA
Coppell, TX
08 June 2025

50459642R00056